Helmut Ludwig

Chicken Airline

Erlebnisse rund ums Fliegen

2. erweiterte Auflage 2012
© Helmut Ludwig 2009
Coverbild by Patrick Wagner
Herstellung und Verlag:
Books on Demand, Norderstedt
ISBN 978-3-8370-3583-4

Für Ingeborg, die mich nicht nur auf vielen Flügen begleitet hat, sondern auch sonst eine sehr bedeutende Rolle in meinem Leben spielt.

Einleitung

Wenn jemand, wie ich, dem Hobby Reisen nachgeht und dabei entfernte Ziele anpeilt, benutzt man dazu das Flugzeug. In der heutigen Zeit ist das nichts Besonderes mehr. Fliegen ist zur Selbstverständlichkeit geworden.

In über 30 Langstreckenflügen und bei fast ebenso vielen Kurzstrecken, zusammen genommen etwa 6 ½ Mal um die Erde, habe ich vieles erlebt, was zum Teil dramatisch, oft aber auch recht komisch war.

„Willkommen an Bord", wird man kurz vor dem Start begrüßt, „danke, dass sie mit unserer Gesellschaft fliegen. Kapitän und Besatzung wünschen einen guten Flug".
Was dann folgt, ist in der Regel ohne besondere Ereignisse. Hin und wieder jedoch geschieht etwas Ungewöhnliches. Da hebt die Maschine nicht vom Boden ab oder sackt vom Himmel der Erde entgegen. Der Service an Bord lässt zu wünschen übrig oder An-

schlüsse für Weiterflüge klappen nicht wie gebucht. Viele Leser werden sich durch die eine oder andere Erzählung erinnern, selbst Ähnliches erlebt zu haben. In zufälliger Reihenfolge berichte ich ihnen hier von meinen Erlebnissen rund um das Fliegen, welche ich, mit einer Ausnahme, die mir ein Freund erzählt hat, alle tatsächlich selbst so mitgemacht habe.

Der Autor

Chicken Airline

Hühner haben recht schlechte Flugfähigkeiten. Sie flattern eher, als dass sie fliegen können. Wenn ich hier nun von einer Fluglinie mit Bezug auf Hühner erzähle, hat das jedoch weniger mit den Flugeigenschaften zu tun, sondern ganz andere Gründe.

Sie haben noch nie von einer Chicken Airline gehört? Können Sie auch nicht, denn den Namen habe ich einer US-amerikanischen Gesellschaft verliehen, weil sich vor vielen Jahren bei Flügen mit jener Gesellschaft Folgendes zugetragen hat.

Es ist seit jeher üblich, den Passagieren während des Fluges Verpflegung zu reichen. Das rührt noch aus einer Zeit, wo es keine Düsenjets gab und Motorflugzeuge, wie seinerzeit die legendäre Superconstalation, für einen Transatlantikflug 18 Stunden und mehr brauchten. Heutzutage gibt es je nach Dauer des Fluges, der Klasse, welche benutzt wird und abhängig vom Prestige der Airline, recht unterschiedli-

che Speisen und Getränke auf Plastik- oder Porzellangeschirr. Das Essen ist in der Regel im Flugpreis enthalten,
wohingegen besonders die alkoholischen Getränke an Bord oft extra bezahlt werden müssen. Die Fluggesellschaft in den USA, von der ich ihnen hier erzählen möchte, machte es sich recht einfach, obwohl sie sich nach außen hin den Schein der Vielfalt gab.

Während eines Aufenthalts in Arizona war zwischendrin ein Besuch zu Freunden in Mexiko-City geplant. Flug von Phönix mit Umsteigen in Dallas/Texas und zurück, also vier Flüge.
Am frühen Vormittag sollte es von Phönix losgehen. Der Flughafen in Phönix gehört wegen seiner Architektur und dem Ambiente zu meinen Lieblings-Flughäfen. Die Ausstattung erinnert stark an die dortige Landschaft, was Farben und Gestaltung im Gebäude angeht und passt sehr gut zur Örtlichkeit Arizona; Wüste und Indianerland. Die ganze Atmosphäre strahlt die Zurückhaltung und Ruhe des indianischen Wesens aus. Hektik, wie sonst auf

vielen Flughäfen, habe ich dort nie erlebt. Gelassenheit ist überall zu spüren.

Nach geruhsamem Check-In nahm ich meinen Platz im Flieger ein und freute mich auf einen Zweieinhalb-Stunden-Flug nach Dallas. Nach Erreichen der Reiseflughöhe wurden, wie meist, zunächst Getränke serviert. Später dann verteilten die Stewardessen an jeden Passagier eine Speisekarte. In aufwändigem Druck mit bunten Verzierungen wurden die Mahlzeiten angekündigt. Es sollte Fisch, Fleisch oder Geflügel – Chicken eben – geben. Man konnte in Ruhe wählen. Dann zum Servieren kam die Stewardess mit ihrem Wägelchen und fragte nach meinen Wünschen. Ich hatte Appetit auf Fleisch und bat darum. Mit einem reizenden Lächeln wurde mir aber gesagt:
„Oh so sorry, there is only Chicken" = Es gibt nur Huhn.
„Na gut", dachte ich. Die haben wohl im Catering, so nennt man die Versorgung an Bord, Probleme gehabt, und weil ich Hunger hatte, nahm ich Chicken. Eine gebratene Geflügelbrust in einer undefinierbaren Soße mit ein

wenig Mischgemüse und einer Pampe, die Kartoffelbrei sein sollte, wurde mir in billigem Plastikgeschirr auf einem Din-A4 großem Tablett serviert. In einem kleinem Schälchen dazu Salat, bestehend aus zwei halben Blättern grünem Salat, vier oder fünf Schnipsel Möhren, zwei Erbsen und eine halbe Cherrytomate. Ein pappiges rundes kleines Etwas sollte wohl eine Semmel oder Brötchen sein. Eine Ecke Käse, kaum größer als ein Stück Würfelzucker und in der Größe und Dicke einer Rasierklinge ein Päckchen Butter. Soweit das Standartmenue vieler Fluglinien. Nur variierend im Hauptbestandteil Fleisch, Fisch oder Geflügel. Mit wenig Genuss aß ich das Mahl. Nach etlichen Stunden im nächsten Flieger werde ich dann sicher etwas anderes bekommen. - Dachte ich.

Aber Nein!
Zu meiner Überraschung und ungläubig musste ich jedoch beim Weiterflug von Dallas nach Mexiko erleben, dass sich die Geschichte exakt wiederholte.

Nach sechs Tagen zum Rückflug hatte ich die Sache schon fast vergessen. Wieder wurden mit freundlicher Miene Speisekarten an die Passagiere ausgegeben und wieder bedauerte die Stewardess mit entwaffnetem Lächeln, es wäre nur noch Chicken zu haben. Beim Weiterflug von Dallas nach Phönix wiederholt nur Chicken!

Viermal nacheinander immer dasselbe Essen. Keine Abwechslung. Unwirsch lehnte ich ab, etwas zu essen. Von Chicken hatte ich vorerst genug.

Daher nannte ich fortan diese Fluggesellschaft nur noch Chicken Airline.

Fahrstuhl oder Achter-
bahn

Mit einem City-Hopper, einer Boeing 737, flog ich von Hamburg nach Malaga. Es war Frühling und herrliches Wetter. Ein wolkenloser Himmel. Man konnte die tief unten liegende Landschaft bewundern. Es hat mich immer wieder fasziniert aus dieser Perspektive das Land zu sehen. Wie doch die Landschaft so ganz anders ist, als am Boden. Entfernungen haben völlig andere Dimensionen. Farben und Formen sind total unterschiedlich zur Sicht von unten.

Nach etwa einer knappen Stunde Flugzeit meldete sich der Kapitän. Er begrüßte die Fluggäste mit freundlichen Worten. Das ist seit jeher so üblich und soll dazu beitragen, die Passagiere zu beruhigen. Diesmal jedoch ergänzte der Kapitän seine Begrüßung mit der Meldung, dass auf der vorgesehenen Flugroute ein starkes Unwetter sei und wir daher einen kleinen Umweg über die Schweiz und die Alpen machen würden. Die Flugzeit würde sich dadurch nur geringfügig verlängern. Aber auch auf dieser Route wäre die Luft unruhig und er bat alle Passagiere auf den Plätzen zu bleiben und sich anzuschnallen. Ruhig glitt die Maschine weiter dahin. Doch plötzlich, ohne Vorwarnung:

„Wusch", sackte die kleine Boeing ab. Vielleicht fünfzig oder gar hundert Meter sausten wir abwärts. Ich hatte das Gefühl, mein Magen drückte in die Brust hinauf. Mein ganzer Körper hob sich in die Höhe. Natürlich war ich angeschnallt und es war halt nur so eine Einbildung, denn tatsächlich behielt ich meinen Platz auf dem Sitz. Weiter flogen wir und schnell gewannen wir wieder die alte Höhe.

„Wusch", wieder ging es mit Tempo abwärts, gleich darauf aber im selben Tempo nach oben. Das wiederholte sich dann in einigen Abständen mehr oder weniger stark noch drei- bis viermal.

Luftlöcher nennt man gemeinhin das Phenomän.

Auf einem Mal erinnerte ich mich an meinen letzten Besuch in einem Vergnügungspark und der dortigen Fahrt mit einer Achterbahn. Auch die Fahrstuhlfahrt auf einen Fernsehturm kam mir in den Sinn.

Nachdem wir dann über die Alpen hinweg waren, verlief der weitere Flug sehr ruhig. Bis zum Landeanflug auf Malaga. Dazu muss man wissen, dass die Landebahn in Malaga im rechten Winkel zum Mittelmeer liegt und sich an deren anderem Ende sogleich höhere Berge befinden.
In der Regel wird Malaga in einem weiten Bogen vom Meer aus angeflogen. Nicht jedoch diesmal. Wir kamen über die Berge und da musste das Flugzeug dann ganz schnell in die Tiefe. So sackten wir dann wie in einem Lift nach unten, um die Landebahn zu treffen. Wieder hatte ich den Eindruck mein Magen sei ein Fahrstuhl.

Der kleine Unterschied

Nur zweimal in meinem Leben habe ich einen Charterflug gemacht. Noch immer erinnere ich mich mit Grausen an die drangvolle Enge. Das ist aber nicht der Grund dafür, dass ich sonst nur Linie flog. Eigentlich reiste ich immer individuell. Hauptsächlich aber hat es mit einer Marotte von mir zu tun. Bei Charterflügen habe ich immer das Gefühl, die Sicherheit wird weniger beachtet. Alle Beschäftigten rund um den Flug, Wartungsmonteure oder Fluglotsen, denken doch, wenn auch nur unterbewusst, das ist ja „nur" ein Charterflug. Also etwas minder als Linie. Sicher unsinnig, aber eben ein Spleen von mir.

Meine ersten Reisen mit dem Flugzeug habe ich mit einer großen und wohl angesehenen deutschen Fluggesellschaft unternommen. Jahre später wollte ich mir dann einmal zu einem Kurzurlaub einen Traum erfüllen und zum Indiansummer in die Neuengland-Staaten fliegen. Im damals neu aufkommenden Internet

schaute ich nach günstigen Flügen und fand eine deutlich preiswertere Gesellschaft aus Frankreich. Nun, ob
ich von Hamburg aus, Frankfurt oder Paris zum Umsteigen nutzte war ziemlich egal. Hier entschied der Preis. Dass ich fortan nur noch diese Gesellschaft nutzte, hatte, abgesehen von günstigeren Tarifen, mit einem wesentlichen Unterschied in der Bestuhlung der Maschinen zu tun. Der Sitzabstand betrug 76cm im Gegensatz zu 72cm bei anderen Gesellschaften. Nur ein kleiner Unterschied von 4cm, aber man glaubt gar nicht, wie sehr sich dadurch die Bequemlichkeit verbessert.

Am Rande dieser ersten Erfahrung mit der besseren Sitzposition gab es da noch ein nettes Erlebnis. Auf jenem Flug nach Boston zum Indiansummer wurden wir Passagiere unter anderem von einem Stuart, welcher auch der Purser war, betreut. Ein Purser ist der Chef der Kabinen-Crew. Er war ein quirliger kleiner Mann mit vielen Sprachkenntnissen und sehr bemüht, jeden Passagier zufriedenzustellen. Irgendwann fragte er mich, ob alles in

Ordnung sei und ich mich wohlfühle.

„Ja", antwortete ich „soweit bestens", eines würde zu meinem Glück nur noch fehlen, eine Zigarette rauchen zu dürfen. Er schmunzelte, meinte darauf hätte er jetzt auch Lust und ich solle doch bitte mit ihm kommen. Er führte mich an das Ende der Kabine hinter einen Vorhang, wo sich die hintere Küche befand. Dort standen schon eine Kollegin von ihm und ein weiterer Passagier, fröhlich dem Laster des Rauchens nachgehend.

Etwa ein Jahr später flog ich wieder mit dieser Gesellschaft, diesmal nach Mexiko. An Bord jener Purser und wie baff war ich, als er mich begrüßte und sich erinnerte, dass ich vor Längerem schon einmal mit ihm geflogen sei.

Ein Bums

Von Mexiko-City flog ich mit einer Freundin nach Manzanillo am Pazifik. Die Maschine, eine DC 9, war gut besetzt. Nach Erreichen der Reiseflughöhe wurden sogleich Getränke und ein Snack serviert. Unsere Stimmung war gut, hatten wir doch zwei Wochen Urlaub am Meer in herrlicher Umgebung vor uns.

Plötzlich ein Pling und die Lampen „Fasten Seat-Belts" leuchteten auf. Dann ging es auch schon los. Auf und ab, hin und her; eine fürchterliche Schaukelei. Muss ja ein schreckliches Wetter draußen sein, was, weil es am Abend und bereits dunkel war, durch die Fenster nicht zu erkennen war.

Viele Fluggesellschaften strahlen mit einem Scheinwerfer das hintere Leitwerk an, weil dort das Logo der Airline groß sichtbar aufgemalt ist. Bei der DC 9 befinden sich auch die Triebwerke am Ende des Rumpfes unter dem Leitwerk. Von meinem Gangplatz aus konnte ich links hinten das Triebwerk sehen. Das rechte war meinen Blicken entzogen. Und ich sah die Turbine trotz der Dunkelheit draußen sehr deutlich wegen des Scheinwerfers. Jede einzelne Schaufel!

„Das kann doch nicht sein. Die Turbine steht ja still"!

Ein leichtes Entsetzen packte mich. Grad in dem Augenblick versuchte eine Stewardess, sich krampfhaft an den Sitzlehnen haltend, den Gang entlang zu gehen. Als sie in meiner Höhe war, fragte ich sie:

„Sagen Sie, irre ich mich? Aber da drüben die Turbine steht ja still"?

Genervt bekam ich die Antwort:

„Haben Sie denn den Bums vorhin nicht mitgekriegt? Seitdem fliegen wir nur mit einem Triebwerk" und sie mühte sich weiter durch den Gang.

Viel zum Überlegen kam ich nicht, denn schon begann der Landeanflug. Weiter mit schrecklichem Schütteln und großer Unruhe. Nun auch bei den Passagieren. Dann waren wir unten. Das Flugzeug knallte derart auf die

Landebahn, dass ich dachte, das Fahrwerk kommt durch den Boden. Es war die härteste Landung, die ich je erlebt habe. Aber die Maschine bremste, rollte aus und wir waren glücklich gelandet. Die Passagiere, überwiegend US-Amerikaner, klatschten Beifall.

Bei der Gepäckausgabe in dem kleinen Flughafengebäude von Manzanillo, wo es zu der Begebenheit damals noch fast familiär zuging, stellte ich dann fest, dass die übrigen Passagiere nur wegen der Turbulenzen, die ja gar keine waren, unruhig gewesen und keiner etwas von dem defekten Triebwerk mitbekommen hatte. Wer weiß, ob es sonst nicht doch zu großer Aufregung oder gar Panik gekommen wäre.

Heute weiß ich, dass ein Flugzeug auch mit nur einem Triebwerk fliegen kann. Ein modernes Flugzeug kann sogar ohne Motoren segeln, ist jedoch so gut wie nicht manövrierfähig. Bei der Landung muss die Maschine daher sofort direkten Bodenkontakt haben. Darum das feste Aufsetzen und der enorme Bums.

Eine Meisterleistung des damaligen Piloten.

Zeitsprung

Wieder einmal ein Flug von Mexiko nach Europa. Ich hatte noch Zeit. Auf endlos langen Laufbändern gelangte ich zu einer Bar, um noch einen Abschieds-Tequilla zu mir zu nehmen. Dort kam ich mit einem anderen Fluggast, welcher nach Südamerika fliegen wollte und der sich bis zu seinem Abflug auch noch die Zeit vertrieb, ins Gespräch. Wieder einmal sagte ich mir, wie klein die Welt doch ist, denn wir stellten fest, dass wir ganz nahe in der gleichen Gegend aufgewachsen sind. Wir plauderten, noch ein Tequilla und die Zeit verrann.

„Uii", ich sah auf die Uhr. Ich musste mich schleunigst verabschieden und zu meinem Gate eilen. Dort angekommen war kein Passagier mehr in dem Warteraum.
„Aha, sind schon alle an Bord". Also die Gangway – oder soll man es Laufsteg nennen? hinunter, Bordkarte in die Hand und

der Stewardess, die mich am Eingang der Maschine äußerst freundlich empfing, vorgezeigt. Sie machte eine ausladende Handbewegung mit der Bemerkung, ich könne Platz nehmen, wo es mir gefiel. Da sah ich es auch schon, in dem riesengroßen Passagierraum des Jumbos saßen höchstens 25 Leute. Eine Vierer Sitzreihe in der Mitte der Maschine nahm ich in Beschlag. Bald rollten wir an den Start. Über die Bildschirme flimmerten die Sicherheitshinweise. Die Stewardessen standen in den Gängen und breiteten ihre Arme aus, um damit auf die Ausgänge zu weisen. Sie sahen ähnlich wie Engel aus, was ja beim Fliegen naheliegt.

Als wir dann in der Luft waren, wollte mir eine Stewardess ein Abendessen bringen. Dankend lehnte ich ab, es war schon spät, nach 23 Uhr und ich hatte schon vorher, noch in der Stadt, gegessen. Dann klappte ich die Sitzlehnen hoch und legte mich lang. Gurtete mich an den Beinen und über die Hüfte, machte jemand von der Crew darauf aufmerksam, damit man mich bei eventuellen Turbulenzen nicht wecken musste und schlief alsbald ein.

Nach einem langen, wohl traumlosen Schlaf erwachte ich, räkelte mich und richtete mich auf. Sogleich kam eine Stewardess zu mir und fragte mich, ob ich einen Kaffee wolle.

„Ja gerne, ein Frühstück wäre jetzt recht".

„Oh nein, dafür reicht die Zeit nicht mehr, wir befinden uns bereits im Landeanflug auf Paris. Nur noch schnell einen Kaffee".

„Wie das"? fragte ich mit Blick auf die Uhr, „wir sind doch erst etwas mehr als neun Stunden unterwegs".

Ein Flug von Mexiko nach Paris dauert regulär 10 ½ Stunden.

„Ja, wir hatten sehr kräftigen Rückenwind", wurde mir entgegnet, „ich habe so einen schnellen Flug in meiner Zeit als Stewardess auch noch nie erlebt".

So habe ich wohl den ruhigsten und schnellsten Flug meines Lebens glatt verschlafen.

Durch die verfrühte Ankunft in Paris hatte ich bis zum Weiterflug nach Hamburg noch über drei Stunden Zeit. Ich schlenderte durch die Edelboutiqen, Confiserien und Andenkenläden. Stöberte in Buchläden und beobachtete das Leben und Treiben. Schnell verging die Zeit und bald saß ich im Flieger nach Hamburg. Beim Getränkeservice wurde ich nach meinen Wünschen gefragt. Durch die Zeitverschiebung war ich etwas abgeschlafft und bat zur Aufmunterung um ein Glas Sekt. „Gern", sagte die Stewardess, „ da bekomme ich dann zwei Dollar fünfzig".

„Oh, bitte", antwortete ich, „ gerade komme von einer Langstrecke mit ihrer Gesellschaft aus Mexiko. Da ist doch wohl noch ein Gläschen drin" und zeigte ihr meine Bordkarten. Mit einem verschmitzten Lächeln reichte sie mir ein Fläschchen und fragte den nächsten Passagier nach seinen Wünschen.

„Das ist ein guter Trick", sagte mein Sitznachbar, „den muss ich mir merken" und so kamen wir ins Gespräch.

Ablenkungsmanöver

Einen gemütlichen Abend wollte ich mir machen. Im Fernsehen einen Film anschauen. Doch schon die ersten Bilder kamen mir bekannt vor und nach fünf Minuten war mir klar, dass ich den Film schon kannte. Aber woher nur? Im Fernsehen war es laut Programmzeitschrift eine Erstausstrahlung. Ein Kino hatte ich seit Jahren nicht mehr besucht. Wieso kannte ich den Film? Dann fiel es mir ein. Im Flugzeug vor zwei Jahren bei einem Flug in die USA wurde der Film gezeigt.

Filme während des Fluges vorzuführen gehört zum Standartprogramm aller Fluggesellschaften. Das ist zur Beschäftigung der Passagiere gedacht. Damit will man vor allem ängstliche Fluggäste ablenken, damit diese nicht zum Nachdenken über eventuelle Risiken kommen und bei jeder Veränderung von Geräuschen oder der Fluglage in Panik geraten. Es werden immer neueste Produktionen gezeigt. Den Passagieren soll es nicht so ergehen, wie mir eingangs geschildert.

Ein weiteres Ablenkungsmanöver ist der Verkauf von zollfreier Ware bei grenzüberschreitenden Flügen. Zwar sind die Waren in den Dutyfree-Läden auf den Flughäfen oft preiswerter, aber manch einer lässt sich doch noch zu einem billigen Einkauf bei letzter Gelegenheit verleiten.

So habe ich mich einmal unüberlegt zum Kauf einer Krawatte mit dem Logo der Fluggesellschaft hinreißen lassen. Dumm von mir, denn immer wenn ich sie umgebunden hatte, wurde ich gefragt, ob ich meine Arbeit gewechselt hätte und nun für diese Gesellschaft arbeite.

Außer dem Verzehr von Speisen und Getränken kommt zu all diesen Aktivitäten oft noch das Ausfüllen von irgendwelchen „wichtigen" Einreisepapieren für das Zielland hinzu. Man ist also immer auf eine Weise beschäftigt. Die letzt genannten Einreisepapiere nehmen Beamte der Passkontrolle in manchen Ländern sehr wichtig. Bevor man diese mit Pass und unter Umständen Visum jedoch vorweisen kann, heißt es Geduld üben. Besonders in Amerika kommen auf den Flughäfen oft zwei, drei oder vier Jumbos aus Europa zu fast gleicher Zeit an. Trotz zwölf, fünfzehn oder gar zwanzig mit Beamten besetzter Schalter, bilden sich dann lange Schlangen und man muss warten. Ist man dann endlich an der Reihe, wird man von einer mürrischen Beamtin oder einem missmutigem Beamten gemustert, der Pass kommt auf einen Scanner und die erwähnten Papiere werden geprüft. Diese werden mit roten oder grünen Haken, Kreuzen oder Strichen versehen. Der größere Teil des Papiers wird abgerissen, der kleinere Abschnitt in den inzwischen gescannten Pass geheftet. Bei der Ausreise wird er dann wieder eingezogen. Währenddessen wird man befragt woher und wohin. Sagt man dann, man wolle Ferien machen und das schöne Land besuchen, wird man eine Nuance freundlicher willkommen geheißen und entlassen.

Damit ist die Einreiseprozedur aber noch nicht zu Ende. Es kommt noch der Zoll. Mit Glück wird man durchgewunken oder der Zufallsgenerator, den man per Knopf betätigen muss, zeigt grün.

Andernfalls wird das Gepäck untersucht.

Sehr oft hatte ich Glück. Einmal jedoch schaute sich ein Zöllner meine Sachen besonders gründlich an, er betätigte einen Knopf und eine Sirene ertönte. Irgendwoher erschienen zwei Männer in Raumanzug ähnlicher Bekleidung. Trotz Handschuhen entnahmen sie mit spitzen Fingern meinem Koffer eine als Wegzehrung gedachte Tüte mit Keksen und eine Banane, versenkten sie in einer Plastiktüte und verschwanden wieder. Der Zöllner belehrte mich daraufhin, ich dürfe keine Lebensmittel mitbringen, sie könnten ja verseucht sein.

Touch down

Mein erster Flug überhaupt war der von Hamburg nach Berlin und zurück. Nach drei Tagen in Berlin sollte nun am Abend der Rückflug starten. Es war Herbst und es herrschte ein für die Jahreszeit typisch norddeutsches Wetter mit Regen und Sturm. Wir Passagiere bestiegen die Maschine, eine Vickers-Viscount Turboprop, also noch kein Jet. Propeller-Maschinen fliegen nicht ganz so gleichmäßig und ruhig wie Düsenflieger.

Das sollte ich nun erfahren.

Schon beim Start, kaum das die Maschine von der Landebahn abhob, war es aus mit dem ruhigen Sitzen. Es rüttelte und schüttelte, als sollten die Passagiere auf den Plätzen neu verteilt werden, wären sie nicht angeschnallt gewesen.

Ein Flug von Berlin nach Hamburg dauert nicht lange. Mit der langsamen Turboprop et-

wa 40 Min. Diese Zeit aber reichte, uns Fluggästen das Grausen zu lehren. Zu allem kam hinzu, dass einigen übel wurde und sie sich erbrechen mussten. Der üble Geruch machte mir mehr zu schaffen, als der unruhige Flug und ich kämpfte gegen Unwohlsein. Der Anflug in Hamburg erschien mir endlos. Es ging abwärts unter weiterem gebeutel. Endlich setzte die Maschine auf. Touch-down heißt es in der Fliegersprache.
Aufatmen allerseits.

Aber nein, was war das? Die Motoren heulten auf und das Flugzeug hob wieder ab in die Luft. Von neuem die Schaukelei. Warum nur? Das habe ich nie erfahren.
Jedenfalls drehte die Maschine eine weitere Runde um den Hamburger Flugplatz mit weiterem geschüttelt werden und landete dann ein zweites Mal, diesmal glatt und rollte aus.

Das war ein Vorfall, wie er gerade in diesem Jahr wieder passierte, zufällig von einem Flugbegeistertem per Video aufgezeichnet und auf allen Fernsehkanälen zu sehen.

Wie erwähnt war das mein erstes Flugerlebnis in meinem Leben. Seither habe ich mich nie mehr gefürchtet bei Turbolenzen oder unruhige Flügen.
Mit einer Ausnahme, die ich in der folgenden Erzählung schildere.

Spirale abwärts

Wen die Götter lieben, den lassen sie jung sterben. Mich scheinen sie nicht zu mögen und ich bin auch ganz froh darüber.

Nach einem vierwöchigen traumhaften Urlaub in „Gods own country", wie eine Hotelbesitzerin ihre Heimat nannte, quer durch Kanada bei herrlichstem Wetter, stand leider der Heimflug von Vancouver mit Zwischenstop in Edmonton nach Frankfurt an. Schon beim Betreten des Fluggeräts, der Jumbo einer renommierten Fluggesellschaft, empfand ich die Maschine ungepflegt und schmuddelig. Dieser Eindruck hat zwar mit den folgenden Ereignissen nichts zu tun, aber oft kommen ja verschiedene Dinge zusammen, wenn etwas Außergewöhnliches passiert.

Beim Start in Vancouver rumpelte und klapperte die Maschine derart, sodass ich Sorge hatte sie bricht auseinander. Die Gepäckkammern über den Sitzen wackelten, und ich befürchtete, sie würden mir auf den Kopf fallen. So langsam beruhigte sich jedoch alles und die kurze Zeit nach Edmonton verging tatsächlich im Fluge. In Edmonton stiegen weitere Passagiere zu. Der Start verlief dann weniger spektakulär als in Vancouver. Später wurde ein Essen gereicht, an das ich mich jedoch aufgrund der folgenden Geschehnisse nicht mehr erinnere. Der übliche Dutyfree-Verkauf wurde danach abgehalten und dann ein Film gezeigt. Den Film habe ich verschlafen.

Ich erwachte, wohl weil nach dem Film einige Unruhe in der Kabine entstand. Die Stewardessen servierten Getränke. Mein Platz war am Fenster kurz hinter den Tragflächen. Der Mittelplatz neben mir war frei. Dort hatte ich das Tischchen heruntergeklappt und mein Getränk, einen Orangensaft, abgestellt. Ich schaute aus dem Fenster. Tief unten die vereiste, verschneite und felsige Landschaft Neufundlands.

Eine plötzliche Erschütterung erfasste die Maschine. Die „Fasten-Seat-Belt" Lampen leuchteten mit lautem „Pling" auf. Ich sah, wie der Tragflügel sich immer weiter senkte. Zwar habe ich keine Ahnung von Aerodynamik, aber ich dachte mir, wenn der noch weiter nach unten geht, reißt der Auftrieb ab. Diesen Gedanken konnte ich nicht zu Ende bringen, genau das passierte. Der Orangensaft kippte, ich wollte die Hand danach ausstrecken um den Becher aufzufangen, aber eine unsichtbare Faust presste mich in meinen Sitz und ich konnte mich nicht bewegen. Der Saft lief über meine Hose. Mit Gerassel und Klappern öffneten sich die Klappen über den Sitzen und die Sauerstoffmasken fielen heraus. Sie baumelten wirr durcheinander. Ich griff mir irgendeine.

Das war aber das Geringste.

Aus dem Fenster blickend, sah ich, wie die Maschine sich in Spiralen rasend schnell auf Eis, Schnee und Felsen zu bewegte.

Chaos in der Kabine.

Was nicht irgendwie befestigt war flog durcheinander. Handtaschen, Kleidungsstücke, Zeitschriften oder Bücher. Eine Stewardess sauste durch die ganze Kabine. Ein sehr dicker Mann hing trotz seines hohen Gewichts wie ein aufgeblasener Ballon angeklebt unter der Decke. Das alles registrierte ich nur am Rande, aber doch bewusst. Viel mehr entsetzte mich die immer näher kommende Erde.

Ich erwartete das Ende.

Verehrte Leser, was ich in dem Moment dachte? Es wird immer berichtet, dass Menschen im Angesicht des Todes deren ganzes Leben in wenigen Sekunden an ihnen vorbeizieht. Nicht jedoch bei mir in jenen Momenten. Ich bedauerte kurz meine Mutter, die nach ihrem Ehegatten nun viel zu früh noch ihren Sohn verlieren sollte. Aber noch mehr dachte ich und das ist so wahr wie ich es hier niederschreibe, dass in meiner heimatlichen Wohnung alles zum Besten bestellt und aufgeräumt war.

Auf einmal, ein Aufbrausen der Turbinen und

das Trudeln der Maschine hörte auf. Langsam ging sie in einen normalen Gleitflug über.

Kein Aufprall!

Es war merkwürdig still in der Kabine. Vereinzeltes Jammern und Stöhnen. Viele Verletzte, schwer die Stewardess, welche durch die ganze Kabine flog und der dicke Mann. Auch im vorderen Kabinenteil einige Schwerverletzte.
Die meisten Passagiere waren wie gelähmt, so auch ich. Nach und nach kam wieder Leben auf und man kümmerte sich um die Verletzten. Andere suchten ihre Sachen, es wurde so gut es ging versucht, Ordnung zu schaffen.

Der Kapitän meldete sich: Ein Jetstream hätte die Maschine erfasst. Wir wären von 11.000 Metern auf 3.000 Meter abgesackt. Ob Ärzte an Bord seien und er bedankte sich, dass die Fluggäste ruhig und besonnen geblieben waren und keine Panik ausgebrochen war. Später meldete er sich dann noch ein Mal: Der nächste Flughafen wäre Halifax, aber mit sehr schlechten Wetterverhältnissen und man hätte sich entschlossen nach Frankfurt, was in vier Stunden erreicht wird, weiter zu fliegen.

Dort nach glücklicher Landung parkte die Maschine in einer besonderen Position auf dem Vorfeld und von allen Seiten kamen Unfall- oder Rettungswagen heran. Sanitäter und Helfer stürmten an Bord und transportierten die Verletzten ab. Wir übrigen Passagiere wurden mit Bussen zu einem besonderen Raum gebracht, wo wenig später auch das Gepäck ausgehändigt wurde.

Das war's.
Wochen später erhielt ich von der Fluggesellschaft ein Schreiben mit einer lapidaren Entschuldigung. Was ich zu den Akten legte, denn die Sekunden bis zu meinem vermeintlichen Ende waren die längsten meines Lebens. Jetstreams sind extreme Stürme in sehr großen Höhen. Für die ist ein Jumbo eine Streichholzschachtel. Zu damaliger Zeit gab es pro Jahr ein bis zwei ähnliche Fälle. Besonders kritisch sind die Höhen über den Philippinen und eben

wie hier, Neufundland. Heute gibt es ein spezielles Radar, welches vor Jetstreams warnt. Ein trudelndes oder abschmierendes Düsenflugzeug kann vom Piloten nicht in der Höhe, sondern erst in dickeren Luftschichten abgefangen werden. Diese Fakten erfuhr ich erst Jahre später, hätten mir allerdings zu damaliger Zeit auch nur wenig genutzt.

Ein Macho weint

Zu meinen Nachbarn gehört auch eine türkische Familie. Mit der Zeit entwickelte sich zwischen uns ein recht freundschaftliches Verhältnis. Der einzige Sohn der Familie, Mehmet, ist ein typischer Vertreter seiner Landsleute und ein Macho wie er im Buche steht. Männlich, stark und großsprecherisch, dabei aber ein gutes Herz. Wehe jedoch wenn er sich in den Finger schnitt. War das ein Gezeter, Ach und Weh.

Er kam mit jungen Jahren nach Deutschland und kannte von der Türkei nur seine Heimatstadt Samsun und Umgebung am Schwarzen Meer, aber sonst nichts von der Türkei. Er wollte gern mal Istanbul kennenlernen und ob ich denn Lust hätte mit ihm einige Tage dorthin zu reisen. Gern sagte ich zu, denn die Gelegenheit mit einem türkisch sprechendem Begleiter die Stadt am Bosporus zu entdecken war verlockend.

Ein Termin war schnell gefunden, Mehmet besorgte die Flugtickets und nach wenigen Vorbereitungen sollte die Reise losgehen.

Check-In am Schalter der Türkisch-Airline. Nur wenige Reisende. Mehmet ließ mir höflich den Vortritt. Ticket und Pass vorzeigen, Bordkarte in Empfang nehmen und meine Reisetasche aufgeben war Routine und ging reibungslos. Dann folgte Mehmet. Irgendwas stimmte nicht. Ich trat hinzu und hörte gerade noch die Bodenstewardess vom Schalter sagen:
„Sie können als Türke zwar mit diesem Pass in die Türkei einreisen, aber zurückkommen sie nicht mehr. Der Pass und die Aufenthaltgenehmigung ist abgelaufen".
Ungehalten fuhr ich Mehmet an:
„Wie? Ich hatte Dich doch gefragt, ob alles in Ordnung ist mit deinen Papieren".
Er mit weinerlicher Stimme:
„Ja, aber das habe ich vergessen".
„Man, und jetzt? Wenn Du nicht zurückkommmen kannst, können wir doch gar nicht erst los".
Zur Angestellten am Schalter gewandt sagte

ich: „Dann bleiben wir hier und fliegen nicht". Da war es um die Fassung von Mehmet geschehen; er fing an zu schluchzen und zu weinen. Mitleidig sah die Bodenstewardess Mehmet an. Plötzlich stand sie auf, verlies den Schalter, kam nach vorne und nahm Mehmet in den Arm, um ihn zu trösten. Diese nette Geste erregte bei umstehenden Flugreisenden Aufmerksamkeit obwohl niemand wusste, was da eigentlich vorsich ging. Irgendwie auch bei einem entfernt stehenden Sicherheitsbeamten. Jedenfalls kam dieser mit gezogener Pistole zu unserem Schalter gerannt. Dadurch gab es natürlich noch mehr Aufsehen. Nun drängten sich viele unbeteiligte Neugierige heran. Ein kleiner Auflauf entstand. Es dauerte eine Weile, dem Sicherheitsmann das Geschehen zu erklären. Mehmet beruhigte sich und die Situation verflachte.

Damit war die Geschichte jedoch noch nicht zu Ende. Also erst mal kein Flug nach Istanbul; Storno! Aber, mein Gepäck, das war ja bereits zum Flieger unterwegs und das wollte ich zurückhaben.

Die Schalterstewardess rief eine Kollegin vom Büro, die mich zum Flieger begleiten sollte, um meine Reisetasche zurückzuholen. Da ich schon eine Bordkarte hatte, gelangten wir ohne Schwierigkeiten zum Gate und von dort über eine Treppe hinab zum Boden unter dem Flugzeug Einem Gepäckarbeiter nannte die Angestellte unser Anliegen.

„Ich hab ja schon viel erlebt. Dies oder Jenes muss noch mit, aber das jemand sein Gepäck zurück haben will ist neu", sagte er etwas verwundert. Zum Glück war noch nichts verladen, die Trollys mit dem Gepäck der Reisenden fuhren gerade vor und nach einiger Suche fand ich meine Reisetasche.

Ein neues Hindernis tat sich auf. Um zurückzugelangen mussten wir natürlich wieder durch Kontrollen. Die Angestellte musste mit Engelszungen reden und die Sachlage mehrmals erklären bis wir endlich den Bereich verlassen konnten.

Auf dem Heimweg im Taxi machte ich dem Mehmet aus Enttäuschung und Zorn heftige

Vorwürfe. Er war völlig zerknirscht und wie ein kleiner Junge; nichts mit Macho gehabe. Doch man glaubt es kaum, obwohl zumindest ich ja mit Aushändigung der Bordkarte den Flug formal angetreten hatte, hat Mehmet es fertiggebracht, den Flugpreis abzüglich einer angemessenen Stornogebühr erstattet zu bekommen. Wie er das gemacht hat bleibt mir ein Rätsel. Nach nur einer Woche war sogar die Gültigkeit seines Passes verlängert.

Aus einer Nachholung zu einer gemeinsamen Reise in die Türkei ist leider nie mehr etwas geworden.

Eine Rose und Champagner

Der Flieger war ein nagelneuer A 340. Es roch noch nach Plastik und überhaupt ganz neu. Die Maschine war nicht ausgebucht. Der Gangplatz neben mir war frei. Ich saß am Fenster über dem Flügel. In der Kabine war das Licht gelöscht. Über die große Leinwand in der Mitte und die zwei kleineren links und rechts davon flimmerte ein Film. Nur zwei Lampen strahlten von der Decke auf die darunter liegenden Sitze. Dort eine Frau, ein Buch lesend. Der Film schien sie nicht zu interessieren. Weiter hinten ein Mann, krampfhaft versuchend, auf dem kleinen Klapptischchen vor sich, irgendwelche Papiere zu sortieren. Sicher ein Geschäftsmann, dem seine Firma die drei bis viermal so teure Geschäftsklasse, die Business-Class, nicht zahlte oder er selbst zu geizig dazu war.

Das Geräusch der Düsen tönte monoton. Es war ein ruhiger, angenehmer Flug. Ich hatte

mir das Essen schmecken lassen, der Film war
spannend und dann vertrieb ich mir die Zeit
mit Musik hören. Im weiteren Verlauf geriet
ich zufällig mit der Hand gegen die Innenver-
kleidung neben dem Sitz unter dem Fenster.

„Ups", da war ein etwa Teller großer Bereich
sehr warm, ja fast heiß. Das konnte doch nicht
richtig sein. Also signalisierte ich nach einer
Stewardess. Es erschien auch recht schnell eine der beflissenen Damen. Ich bat sie, sich zu
mir herüber zu beugen, ich müsse sie auf etwas aufmerksam machen. Leise, um vor- oder
hinter mir sitzende Passagiere nicht zu beun-
ruhigen, wies ich sie auf den heißen Fleck an
der Wand. Sie tastete mit der Hand danach
und zog sie leicht erschrocken zurück.
„Ja, da ist was nicht in Ordnung. Ich werde
das sofort dem Flugingenieur melden" und sie
entschwand in Richtung Cockpit. Lange Zeit
tat sich nichts. Es verging wohl eine halbe
Stunde, da kam ein Mann in Uniform durch
den Gang. Er stellte sich als Copilot vor.
Freundlich sprach er mich an und erklärte mir
mit beruhigenden Worten, dass dort an der

Wand Heißluftleitungen von dem Rumpf zu den Flügeln der Maschine verliefen. Sie dienten dazu, die in den Flügeln sich befindlichen Tanks zu beheizen damit der Treibstoff nicht einfriert. Da wäre wohl etwas undicht; das müsse in Ordnung gebracht werden, aber das hätte Zeit bis nach der Landung und nicht den geringsten Einfluss auf die Sicherheit des Fluges.

Nun, ich gab mich mit seinem Bescheid zufrieden und genoss weiter den Flug mit Musik und bewunderte aus dem Fenster blickend die Wolken tief unten. Etwas voraus türmte sich ein riesiges, dunkles, fast schwarzes Wolkengebilde. Darin zuckten ohne Unterlass Blitze. Ein Gewitter. Es war ein grandioses Schauspiel.

Endlich wurden die Turbinen gedrosselt und nach vielen Stunden begann der Landeanflug. Da eilte die Stewardess von vorhin mit einem silbernen Tablett zu mir. Auf dem Tablett eine Picoloflasche Champagner mit Glas und in einer kleinen Vase eine rote Rose.

„Schönen Gruß vom Kapitän mit einem herzlichen Dank für ihre Besonnenheit und Aufmerksamkeit".

Über diese nette Geste habe ich mich in dem Augenblick mehr gefreut, als auf den bevorstehenden Urlaub.

Heiße Bouillon und Jetlag

Meine erste Reise in tropische Gefilde führte mich an die Pazifikküste in Mexiko.

Aus dem gemäßigtem Klima in Hamburg kommend, nach vielen Stunden im klimatisierten Flugzeug, stieg ich am Ziel aus und schnappte erst mal nach Luft.

35 Grad Celsius oder mehr und eine Luftfeuchtigkeit von 90 % schlug mir entgegen. Ich glaubte in eine heiße Bouillon zu steigen.

So ergeht es wohl vielen Reisenden.

Nun, zum Glück habe ich mich schnell an das andere Klima gewöhnt. Ich komme recht gut damit klar, besonders mit Wärme und bei späteren Reisen wusste ich ja, was mich erwartet.

Allerdings hatte ich oft nach der Rückkehr aus heißen Gegenden mit Erkältungen zu kämpfen. Der Klimawechsel war sicher daran Schuld.

Sehr viel mehr Probleme bereitet mir die Zeitverschiebung – der Jetlag. Zwischen

Deutschland und Amerika besteht eine Zeit-
differenz von sieben, acht oder neun Stunden;
je nachdem, ob man sich in Amerika im Osten
oder Westen aufhält.

Bei Flügen nach Amerika, also nach Westen
habe ich kaum Probleme. Es kommt mir so
vor, als hätte ich eine lange Nacht hinter mir
und würde erst sehr spät zu Bett kommen.
Das heißt, wenn ich nach einem morgens in
Deutschland gestarteten Flug im Westen, an-
komme ist es tief in der Nacht. Nach
dortiger Zeit aber erst früher Abend. Umge-
kehrt verhält es sich ganz konträr. Es kommt
mir so vor, als hätte ich meinen nächtlichen
Schlaf unterbrochen, würde inmitten der
Nacht aufstehen.

Zurückgekehrt bin ich dann tagsüber todmü-
de, in der Nacht aber putzmunter. Zu unmög-
lichen Zeiten habe ich Heißhunger. Fast immer brauche ich, von Reisen aus dem Westen
heimkommend, zwei bis drei Tage, um wieder
in den gewohnten Rhythmus zu gelangen.
Viele Wissenschaftler haben sich schon mit
der Erforschung dieses Problems befasst; eine
genaue Erklärung ist bis heute nicht gelungen.

Flüge mit- oder entgegen der Erdumdrehung sollen dabei Einfluss nehmen.

Ich denke, es ist halt einfach so, dass unser Biorhythmus, wenn er aus dem Takt gerät, erst eine Weile braucht, um sich anzupassen.

Verspätungen, Verspätungen …

… zum Glück, wie Sie verehrter Leser der nachfolgenden Geschichte entnehmen können.
La Gomera eine kanarische Insel, die damals, Ende der Siebziger Jahre, noch kaum vom Tourismus entdeckt, war mein Urlaubsziel. Ich hatte die Insel zuvor schon zweimal besucht. Diesmal sollte meine Mutter auch mit.

Ich habe vergessen, warum ich eine Woche vorab schon dort hinflog und nicht gemeinsam mit meiner Mutter. Es war verabredet, dass ich sie, eine etwas ältere Dame, die noch nie in ihrem Leben geflogen war, in Hamburg abholen würde, um sie in meiner Begleitung nach Gomera zu bringen. Dazu musste ich aber erstmal von der Insel zurück nach Hamburg. Zuerst mit der Fähre von Gomera nach Teneriffa. Von dort hatte ich eine recht umständliche Verbindung mit Umsteigen in Madrid und London nach Hamburg.

Das Fährschiff „Benchichigua" welches heute, fast vierzig Jahre später, immer noch den Fährbetrieb zwischen Teneriffa und Gomera bestreitet, legte früh am Morgen pünktlich ab. Die Überfahrt verlief bei ruhiger See recht gut. Aber dann: Aus mir unerklärlichen Gründen brachte es die Mannschaft es nicht zuwege, glatt am Kai in Teneriffa anzulegen. Ein Anlegemanöver nach dem Anderen scheiterte. Es war mittlerweile 8:30 Uhr. Um 9:30 Uhr sollte mein Flug nach Madrid abgehen. Ich musste aber noch vom Fährhafen in die Berge zum damals dort gelegenen Flughafen „Los Rodeos", welcher einige Jahre zuvor traurige Berühmtheit erlangte, durch das bisher schwerste Unglück der zivilen Luftfahrt mit 583 Toten, indem dort zwei vollbesetzte Jumbos auf der Landebahn zusammenstießen.

Die Fahrt vom Fähranleger nach Los Rodeos dauert etwa 45 Min. Endlich war die „Benchi" am Kai festgemacht und ich eilte von Bord zu einem glücklicherweise am Tag vorher bestelltem Taxi. Es waren sonst keine Taxen weit und breit. Inzwischen war die Zeit weiter vo-

rangeschritten. Bis zum Abflug noch kaum 45
Minuten. Dem Fahrer schilderte ich meine
Zeitnot und versprach ihm ein gutes Trink-
geld, wenn er mich noch rechtzeitig zum Airport bringe. Er fuhr wie der Teufel. Auf der
damals noch wenig komfortablen, engen und
kurvenreichen Strasse eine Höllenfahrt. 9:25
Uhr fuhren wir am Flughafengebäude vor. Ich
entlohnte den Fahrer großzügig mit vielem
Dank und stürmte in die Abfertigungshalle.

Nach kurzer Umschau fand ich meinen Schalter. Eine lange Schlange davor. Da ich kein
Gepäck hatte, ging ich nach vorne vor und
fragte, ob ich zu Flug Nummer- sowieso noch
mitkäme.
„Si, der Herr, das geht schon klar, der Flug hat
zwei Stunden Verspätung und all die anderen
Passagiere hier warten auch" und ich soll mich
doch bitte hinten anstellen, wurde mir gesagt.
Hmm, ein wenig Erleichterung, aber dann
wurde mir klar, dass ich in Madrid nur zwei
Stunden Zeit zum Umsteigen hätte.
„Das wird ja verdammt knapp, wenn es mit
dem Anschluss überhaupt noch klappen soll-

te". Half nichts; es hieß warten. Einen nachfolgenden Passagier bat ich, mir den Platz freizuhalten, denn ich hatte ja wegen dem frühen Aufbruch noch nicht gefrühstückt und so holte ich mir einen Kaffee und ein Croissant. Endlich nach einer guten Stunde begann das Einchecken. Na, wenigstens keine zwei Stunden. Da bestand ja noch Hoffnung für Madrid. Mit eineinhalb Stunden Verspätung hob der Flieger von Teneriffa ab. Nur eine halbe Stunde in Madrid zum Umsteigen. Zu gut, dass ich kein Gepäck hatte, aber es könnte doch noch eng werden.

Ich kannte den Madrider Airport noch nicht. Dort kam ich am nationalen Terminal an und musste mich nun schleunigst zum internationalen Terminal begeben. Aber wie dort hin gelangen? An irgendeinem Schalter einen Angestellten gefragt, jedoch habe ich kaum etwas von der Auskunft verstanden. Also Hinweisschilder studiert und nach einiger Verzögerung gelangte ich doch noch zum richtigen Gate für meinen Weiterflug nach London.
Gerade noch rechtzeitig. Als einer der letzten

Passagiere kam ich in die Maschine, und hatte kaum Platz genommen, rollte der Vogel auch schon zur Startbahn. Ich holte tief Luft und war froh, die Hälfte meiner Flüge gut, wenn auch mit Stress, geschafft zu haben.

In London-Heathrow angekommen konnte ich mir Zeit lassen. Bis zum Abflug nach Hamburg hatte ich noch über zwei Stunden Zeit. Es war wahnsinnig viel Betrieb auf dem Airport. Menschen, Reisende, Passagiere wohin man sah. Sie belegten alle nur möglichen Sitzgelegenheiten und lagerten teilweise sogar auf dem Boden. Merkwürdig. Bis ich dann über eine Lautsprecherdurchsage mitkriegte was Ursache des außerordentlichen Massenaufkommens war. Ein Fluglotsenstreik. Die allermeisten Flüge fanden nicht statt.

„Na, toll" dachte ich, „jetzt bist du mit soviel Hindernissen glücklich hier angekommen und sitzt nun hier fest". Geplant war mein Abflug für 21 Uhr. Am Schalter beschied man dann die Passagiere nach Hamburg noch etwas Geduld zu haben.

Fast eine Stunde später hieß es dann, alle an

Bord, der Flug würde abgefertigt und Eile sei geboten, denn in Hamburg bestünde Nacht-flugverbot ab 23 Uhr und wir müssten sofort starten, um noch rechtzeitig dort zu landen. Naja, es waren wohl etliche Minuten nach 23 Uhr bei der Landung in Hamburg, aber ich war glücklich am Ziel.

Etwas möchte ich zu dieser Geschichte noch nachtragen, was weniger mit dem Fliegen zu tun hat. Unterwegs stellte ich nämlich fest, dass ich meine Wohnungsschlüssel im Hotel auf Gomera vergessen hatte. Am Taxistand vor dem Flughafen in Hamburg waren zu so später Stunde und keiner Erwartung weiterer Flugzeuge nur noch wenige Taxen. So bat ich einen Fahrer auf mich zu warten, aber ich müsse unbedingt noch vorher telefonieren und Kleingeld hätte ich auch nicht. Handy oder Telefonkarten gab es ja noch nicht. Der Mann gab mir einige Groschen fürs Telefon, aber warten wolle er nicht. Ich rief meine Mutter an, sei angekommen, müsse mir aber noch meinen Ersatz-Wohnungsschlüssel von ihr holen.

Der Fahrer hat doch gewartet, brachte mich zur Adresse meiner Mutter, wartete dort erneut und fuhr mich endlich nach Hause, wo ich gegen Mitternacht eintraf.

So fand eine Flugreise mit vielen Verspätungen schließlich ein gutes Ende und am nächsten Tag flog ich mit meiner Mutter auf einer anderen Route ohne Schwierigkeiten wieder zurück.

Koffer aus dem Bauch

Der elfstündige Flug von Frankfurt nach Dallas verlief ohne Besonderheiten. Mein Weiterflug mit einer mexikanischen Gesellschaft nach Guadalajara sollte in einer Stunde gehen. Nun, auf dem riesigen Flughafengelände von Dallas musste ich zu einem anderen Terminal. Eine führerlose, automatische Bahn brachte mich über das weitläufige Gelände. Am Schalter der mexikanischen Airline angelangt wurde mir eröffnet, mein Flug sei bereits weg, man hätte mich umgebucht.

„Wie denn das"? fragte ich zornig und weiter: „Sie sehen auf meinem Ticket, dass ich aus Frankfurt komme. Der Flug kommt hier täglich nur einmal, immer zur gleichen Zeit an. Da können Sie mich doch nicht einfach auf eine frühere Maschine umbuchen. Außerdem habe ich ein OK-Ticket und bestehe auf den Weiterflug in der gebuchten Maschine".

„Zu der gebuchten Zeit geht aber kein Flug, der ist halt vorverlegt worden".

Ich wurde wütend und da ich mit der Angestellten nicht weiter kam, verlangte ich nach einem Vorgesetzten. Es kam ein Mann und die Angestellte schilderte ihm die Sachlage. Der Chef wiegte den Kopf und hob mir gegenüber bedauernd die Schultern.

Bisher verlief der Disput in englischer Sprache. Jetzt wechselte ich in ein holperiges Spanisch und verlangte eine Lösung. Ich hätte schließlich ein OK und wolle heute noch über Guadalajara nach Manzanillo in Mexiko.

Der Mann hämmerte auf der Tastatur am Computer und deutlich freundlicher, wohl wegen meinem Bemühen die Angelegenheit auf Spanisch zu klären, meinte er:
„Ja, es geht am Abend noch eine Verbindung, die ist zwar ausgebucht, aber ich bringe sie da noch unter".
„Bitte, tun Sie das"!
Unter vielmaligen Entschuldigungen wurde ich verabschiedet und ausgestattet mit neuen Tickets hatte ich dann eine lange Wartezeit, die ich in einer der zahlreichen Bars verbrachte. Endlich kam die Zeit des Weiterfluges.

Denkste!
Am Gate wurde über Lautsprecher eine halbstündige Verspätung angekündigt. Himmel, sollte ich heute doch nicht mehr mein Ziel erreichen?

Mit vierzig Minuten Verspätung ging es dann weiter. Kurz vor der Landung in Guadalajara sprach ich die Stewardess an, ob ich denn den Anschluss nach Manzanillo noch erreiche? „Ja, man ist dort informiert und die Maschine wartet auf uns".

Gelandet, wies man mich darauf hin, dass gleich die Maschine neben uns mein Weiterflug sei. Aber einfach so hinüber gehen und einsteigen war nicht. Ich müsse ja zuerst durch den Zoll und die Passkontrolle. Auf einem Gepäcktrolly sauste ein Flughafenarbeiter mit mir zum Hauptgebäude, erklärte dort dem Zollbeamten die Lage.
Der riss mir meinen Pass aus der Hand, setzte einen oder zwei Stempel hinein und in Windeseile über das Vorfeld ging es zurück zur Maschine. Ich solle schnell einsteigen, sie würde

sofort starten.

„Halt, was ist denn mit meinem Gepäck? Das muss doch noch mit".

„Ja, wo ist denn ihr Koffer"?

Ich stand unter der Maschine und starrte in den geöffneten Bauch des Fliegers, wo das Gepäck verstaut war. Damals wurde Gepäck noch nicht in Container verladen, sondern einfach so in die Bäuche der Maschinen unter den Passagierräumen gestapelt. Ich kletterte hinein und nach einigem Suchen fand ich meinen Koffer. Er wurde herausgezerrt und zur anderen Maschine verfrachtet. Ich selber erklomm die Treppe nach oben und musste noch einen Satz in die Türe zum Einstieg machen, weil die Treppe schon weggezogen wurde.

Böse Blicke der Passagiere empfingen mich, weil man auf mich warten musste. Mir war das gleichgültig, hatte ich das erstens nicht zu verantworten und war zweitens heilfroh, doch noch, wenn auch sehr spät, mein Ziel zu erreichen. Erleichtert, es doch noch geschafft zu haben, schnappte ich mir ein Taxi, das mich zu meinem Hotel bringen sollte.

Der Flughafen von Manzanillo liegt unmittelbar an der Pazifikküste. Eine Zubringerstrasse führt etwa 5 km schnurgerade zur etwas im Landesinneren gelegenen Hauptstrasse. Taxifahrer, welche einen dort am Airport aufnehmen, bekreuzigen sich, bevor sie mit Wahnsinnstempo auf der langen Geraden losfahren.

Ob sich der eine oder andere Pilot in einem Flugzeug vor dem Start wohl auch bekreuzigt?

Bitte die Plätze einnehmen

Der Warteraum vor dem Gate war voll, ja überfüllt von Passagieren, die auf das Boarding = Einsteigen warteten. Es waren nicht genug Plätze vorhanden. Etliche Fluggäste mussten stehen und noch immer kamen Neue hinzu. „Mann", dachte ich bei mir, „so viele Menschen können doch nicht alle in der Maschine Platz finden".

Dann erfolgte der Aufruf zum an Bord gehen. „Bitte zuerst Mütter mit Kindern, dann die Reihen von … bis …", hieß es. Dennoch war das Gedränge groß und nur langsam gelangte ich an Bord. Dort herrschte ein heilloses Durcheinander. Obwohl auf den Bordkarten die Sitzplatznummern vermerkt sind, fanden viele ihren Sitz nicht. Eine Familie wollte nicht getrennt sitzen. Ein junges Paar beanspruchte für ihr Kleinkind einen eigenen Sitz, obgleich sie nicht dafür gebucht hatten und das Kind auf dem Schoss eines Elternteils sitzen musste. Mein Platz war auch von einer älteren, wohl behinderten Dame besetzt. Die Stewardessen hatten große Mühe, alle unterzubringen und nach Möglichkeit auch Wünsche zu berücksichtigen. Mich wollten sie zwischen zwei recht füllige Damen setzen. Wäre es nicht ein Langstreckenflug gewesen, hätte ich mich damit abgefunden, aber elf Stunden eingezwängt sitzen; das wollte ich denn doch nicht. Schließlich hatte ich einen Gangplatz gebucht und beanspruchte einen solchen auch.

Also noch mal das bereits verstaute Handgepäck aus der Kofferklappe über den Sitzen herausholen und der Stewardess, die eine recht säuerliche Mine hatte, weiter nach vorn zu einem anderen Platz folgen. Damit hatte ich aber immer noch nicht meinen endgültigen Platz. Die Frau neben mir wollte so gern neben ihrem auf der anderen Seite platzierten Freund sitzen. Also noch mal tauschen. Endlich hatten alle die Plätze eingenommen und wir konnten starten.

Der verspätete Koffer

Das mit dem Gepäck und Koffern ist beim Fliegen so eine Sache. Beschädigt oder nicht angekommene Gepäckstücke sind keine Seltenheit. Unzählige Geschichten sind da schon passiert, so wie die oft erzählte, von dem vielfliegenden Geschäftsmann, der seine Frau von einem fernen Flughafen aus anruft:
„Schatz, mein Koffer scheint ja am richtigen Ort angekommen zu sein, aber diesmal bin ich in der falschen Stadt".

Das Flugzeug war wieder einmal ausgebucht. Die Maschine rollte zum Start, blieb dann aber auf dem Vorfeld stehen. Es dauerte und dauerte und ging einfach nicht los. Nach etlicher Zeit meldete sich der Pilot:
„Meine Damen und Herren, wegen starken Nebels in Paris ist dort das Verkehrsaufkommen sehr eingeschränkt und wir bekommen dort verspätete
Landeerlaubnis. Um Sprit zu sparen, bleiben

wir hier am Boden bis wir glatt durchfliegen können. Unsere Flugbegleiterinnen werden ihnen jetzt eine Erfrischung bringen".

„Ist ja ein Ding", dachte ich bei mir, „da wird es wieder mal sehr knapp mit der Zeit zum Umsteigen in Paris".

Fast eine Stunde warteten wir am Boden in Hamburg bis endlich der Start folgte.
Eine Stunde zu spät, da bleiben in Paris gerade 20 Minuten fürs Umsteigen. Nur gut, dass ich mich auf dem Pariser Airport Charles de Gaulle auskenne. Von Terminal zu Terminal durch den Tunnel dürfte ich es schaffen, den Anschluss zu erreichen. So war es auch und ich gelangte zu meinem Weiterflug nach Mexiko im letzten Augenblick.

In Mexiko angelangt, durch die Passkontrolle und zum Gepäcklaufband auf den Koffer warten. Nur noch wenige Gepäckstücke zogen nun schon viele Male an mir vorbei. Mein Koffer war nicht dabei. Er war also in Paris nicht rechtzeitig umgeladen worden.
Weil es leider häufig vorkommt, dass Gepäck-

stücke nicht ankommen, gibt es auf jedem größeren Flughafen einen Schalter, wo man den Verlust seines Gepäcks melden kann. Dorthin ging ich denn auch. Nach Aufnahme meiner Daten und Beschreibung des Koffers – sein Aussehen, Form, Farbe und Größe – begab ich mich sehr müde und etwas verärgert ins Flughafenhotel. Glauben Sie nun nur nicht, dass die Concierge dort beim Einchecken verwundert war, weil ich ohne Gepäck reiste. So etwas ist halt nicht ungewöhnlich.

Am nächsten Tag flog ich dann weiter zu meinem Ziel Manzanillo am Pazifik. Im dortigen Hotel angekommen waren die Angestellten, mit denen ich schon von früheren Reisen gut bekannt war, denn doch verwundert.
„Oh, dein Gepäck ist verschwunden? Wie unangenehm" oder ähnlich wurde ich bedauert. Zunächst ging ich dann erstmal einige T-Shirts und Shorts kaufen, damit ich etwas zum anziehen und wechseln hatte. Sodann Anrufe bei der Fluggesellschaft und am Flughafen. Nach anfänglichen Absagen und etlichen Nachfragen wurde mir dann am dritten Tag endlich

bestätigt, meinen Koffer ausfindig gemacht zu haben und ihn mir nachsenden zu wollen.

Ich war recht unwirsch. Unrasiert, ohne meine gewohnten Duschgel, Aftershave und sonstige Kosmetika fühlte ich mich einfach nicht wohl. Hinzu kam die Ungewissheit, was ist überhaupt mit meinen Sachen?

Am vierten Tag, auf erneute Nachfrage bei der Fluggesellschaft, wurde mir beschieden, der Koffer sei nunmehr in Puerto Vallarta, Jalisco. „Nein, verkehrt", antwortete ich ziemlich ungehalten am Telefon. „Zwar liegt der Ort hier im Staat Jalisco, aber der nächste Flughafen befindet sich in Colima und nicht in Jalisco! Nach Puerto sind es 280 km, nach Manzanillo nur 60. Bitte senden sie das Gepäckstück umgehend noch heute hier her ".
Was dann aber doch noch einen weiteren Tag dauerte. Dann am fünften Tag kam endlich der Anruf vom Airport Manzanillo, mein Koffer wäre da und ich könne ihn abholen. Empört lehnte ich ab und bat um umgehende Zustellung in mein Hotel. Eine Stunde später

fuhr ein Taxi vor.
Der Koffer war da! Nach fünf Tagen.

Übrigens; er war ganz offensichtlich geöffnet
und durchwühlt worden, aber es fehlte nichts.
Kamera, Walkman und Geschenke wie Scho-
kolade und Marzipan - eine Kostbarkeit in
Mexiko – alles war vorhanden.

Die Fluggesellschaft hat mir dann nach meiner
Rückkehr von der Reise auf mein Verlangen
anstandslos sämtliche Kosten für Ersatzein-
käufe und Telefongebühren erstattet und mir
als Schadenersatz noch eine ordentliche Men-
ge Bonusmeilen
gutgeschrieben.

Der 11. September 2001

Mit Zahlen und Daten hat es ja auch so seine Bewandtnis und Eigenheiten. Besonders komisch sind wir Deutschen, die wir zwar von links nach rechts Schreiben und auch lesen, nur bei Zahlen nicht. Bei zwei- oder mehrstelligen Zahlen, zum Beispiel 27, lesen wir die zweite Ziffer, Sieben, zuerst. Das verursacht Kopfschütteln und Unverständnis bei allen Nichtdeutschen. Aber die englischsprachigen Länder stehen uns bei der Nennung des Datums in nichts nach. Sie sagen zuerst den Monat, dann den Tag und schließlich das Jahr. Also auch etwas Durcheinander.

Das in der Überschrift genannte Datum ist nun allerdings ein ganz besonderes und mit ganz schrecklichen Ereignissen verbunden, wie wohl jeder weiß.

Für jenen Tag hatte ich einen Flug nach Südafrika gebucht, um einen Schulfreund zu besuchen, der nach einem Urlaub dort so fasziniert von dem Land war, dass er kurzerhand in der

Heimat alles aufgab und nach Südafrika über-
siedelte.

Gerade bevor ich das Haus verlassen wollte,
fragte mich ein Mitbewohner, ob ich denn
eben die Nachrichten mitbekommen hätte.
Ein Flugzeug sei in einen Turm des World-
Trade-Centers in New York geflogen. Wohl
der Unfall eines Sportflugzeugs. Schnell den
Fernseher eingeschaltet und den rauchenden
Tower eines der zwei Türme gesehen. Für weitere Details hatte ich keine Zeit, denn ich
musste zum Flughafen.

Am Flugplatz herrschte eine merkwürdige Ruhe. Geschäftig und bewegt wie immer, aber
mit einer sehr gedämpften Stimmung. Auf
dem Weg zum Gate sah ich überall vor den
Fernsehern in Cafeterias, Bars und Warteräu-
men Menschentrauben stehen, welche gebannt
das Geschehen auf den Bildschirmen verfolg-
ten. Natürlich schaute auch ich zu und erfuhr
so, was tatsächlich passiert war.
Meine Reise nach Johannesburg sollte über
Paris gehen. Der Flug dorthin startete um kurz

nach 18 Uhr. Gegen 19 Uhr landeten wir am Airport Charles de Gaulle. Zum Weiterflug um 21 Uhr hatte ich reichlich Zeit. Als ich jedoch zu dem für mich betreffende Abflugterminal gelangte, traute ich meinen Augen nicht. Menschenmassen wohin ich schaute. Ein Geschiebe und Gedränge, wie ich es mir nicht vorstellen konnte, wenn ich es nicht tatsächlich so vor mir gesehen hätte.

„Was ist denn hier los? Da kommst Du ja nie durch", dachte ich bei mir. Es half nichts. Da musste ich durch. Also alle Glieder zusammen genommen und hinein ins Gewühl. Langsam näherte ich mich den Abfertigungsschaltern und den Sicherheitsschleusen. Da konnte ich dann auch die Ursache für das unglaubliche Chaos feststellen. Sämtliche Flüge in die USA waren gestrichen. Dorthin ging absolut nichts mehr. Unter sanftem Einsatz meiner Ellenbogen gelangte ich aber dann doch zu den Sicherheitsschleusen.

Dort war weniger Andrang, weil eben keine Flüge in die USA abgingen. Ich hatte sogar noch reichlich Zeit bis zum Abflug, besorgte mir die Sonderausgabe einer Zeitung - zum

Glück in Englisch, denn dem Französisch bin ich nicht mächtig - und las aktuelle Nachrichten über das Ereignis in New York.

Eine etwas verschüchtert wirkende junge Frau setzte sich neben mich. Mit einem verschämten Lächeln fragte sie mich nach einer Weile, ob ich denn wüsste, was eigentlich vorgefallen sei. So erzählte ich ihr mein, zum derzeitigen Zeitpunkt noch unvollkommenes, Wissen. Sie wurde ganz still. Auf meine Frage, ob sie denn dort in New York Bekannte oder so hätte, verneinte sie. Sie war halt nur erschüttert, wie wohl ein jeder zur damaligen Zeit.

Der anschließende zwölfstündige Flug verlief trotz total voll besetzter Maschine auffallend ruhig. Sicher hingen die Passagiere ihren Gedanken zu den schrecklichen Vorkommnissen in New York nach.

Bitte Anschnallen

Der Rückflug von eben jener Reise vom 11. September nach Johannesburg war dann auch nicht problemlos. Aus Port Elisabeth kommend hatte ich in Johannesburg drei Stunden Aufenthalt. Ich vergnügte mich im Warteraum mit Blick auf das Flugvorfeld und sah dem immer wieder interessanten Betrieb auf dem Rollfeld, den Start- und Landebahnen zu.

Endlich ging es dann an Bord. Die Maschine war vollbesetzt. Pünktlich sollten wir nun starten. Das Flugzeug rollte an und nahm Geschwindigkeit auf. Plötzlich ein Ruck und eine Vollbremsung. Der Pilot muss mit aller Kraft in die Bremsen gegangen sein. Da zeigte sich, wie wichtig es ist, angeschnallt zu sein. Andernfalls wären die Passagiere bei dem schlagartigen Abbruch der Geschwindigkeit aus den Sitzen geschleudert worden.
Es meldete sich der Pilot. Eine Anzeige hätte einen Defekt gemeldet. Darum sei der Start abgebrochen worden. Man checke das. Eine

Runde rollte die Maschine um den Flugplatz; ein neuer Start sollte folgen. Und wieder ging der Pilot, nachdem die Maschine fast volle Fahrt aufgenommen hatte, mit aller Kraft in die Eisen und bremste die Maschine ab.

Erneut sprach der Pilot:

„Verehrte Fluggäste, leider haben wir wieder einen Defekt angezeigt bekommen. Wir müssen das von Bodenmechanikern prüfen lassen und gehen dafür auf eine Parkposition".

Wenig später kam dann die Durchsage:

„Meine Damen und Herren, zur Überprüfung der Maschine bitten wir sie, diese zu verlassen. Nehmen sie bitte ihr gesamtes Handgepäck mit und lassen sie nichts zurück".

„Aha", dachte ich mir, „dann wird das heute nichts mehr mit dem Flug". In einer sonst leeren Halle sammelten sich die Passagiere. Die Crew stand an einem Schalter zusammen. Sogleich ging ich zu ihnen.

„Hallo, wird der Flug heute noch stattfinden"?

„Nein, wir haben versucht von einer anderen Gesellschaft eine Maschine zu chartern, aber keine ist frei und Ersatz muss erst aus Paris kommen. Das wird erst morgen sein".

„In der Abflughalle habe ich gesehen, dass gleich eine Maschine einer anderen Gesellschaft nach Deutschland fliegt. Können sie mich darauf umbuchen"?
„Oh, leider nein. Gerade haben wir einen Herrn auf den letzten noch freien Platz dort gebucht. Die Maschine ist restlos besetzt".
„Schade, na dann geben sie mir bitte ein Voucher für Taxi und Hotel".

Fluggesellschaften sind in solchen Fällen nicht kleinlich und lassen ihre Passagiere in sehr guten Hotels unterbringen.
Inzwischen war auch das Gepäck ausgeladen. So schnappte ich mir meinen Koffer, ging zum Ausgang und mit einem Taxi ließ ich mich zum Hotel bringen. Das war wirklich erstklassig. Nach Zuteilung des Zimmers brachte ich mein Gepäck dorthin und begab mich dann ins Restaurant, um das Abendessen einzunehmen. Gerade ließ ich es mir gut schmecken, als zwei große Busse vorfuhren und die anderen Passagiere ankamen. Im Hotel brach ein kleines Chaos aus, denn auf einen solchen Ansturm war man dort nicht

vorbereitet. Nach und nach stellte sich die Ordnung wieder her. Ich beendete mein Essen, während die anderen Gäste erst ihre Bestellungen aufgaben.

Nach einer ruhigen Nacht fand ich am Morgen eine Nachricht von der Fluggesellschaft vor, in welcher der Abflug für den späten Nachmittag angekündigt wurde. So verbrachte ich noch einen schönen Tag auf dem weitläufigen Gelände des Hotels mit Schwimmbad und Gartenanlagen.
Zum Abflug schaute ich dann beim Einsteigen, ob es wirklich eine andere Maschine sei. Flugzeuge haben wie Schiffe einen Namen und so konnte ich feststellen, dass die Maschine tatsächlich ausgetauscht war.

Mit einer großzügigen Meilengutschrift wurde ich später für die Verzögerung von einem Tag entschädigt, wobei die Verlängerung meiner Reise von einem Tag für mich gar nicht so unangenehm war.

Aussteigen oder Weiterfliegen?

Nein, aussteigen geht natürlich nicht während des Fluges. Das können nur Fallschirmspringer oder Militärpiloten im Notfall. Ein Notfall im eigentlichen Sinn lag bei der folgenden Geschichte nicht vor. Eher ein Ereignis von weitreichender Tragweite.

Nach einem Urlaub weitab vom Weltgeschehen, startete unser Rückflug in einem fast leeren Jumbo. Erst beim Zwischenstop in Dallas sollten viele Passagiere zusteigen. Die Stewardessen hatten kaum etwas zu tun. Eine von ihnen blieb, als sie uns Getränke servierte, bei uns stehen. Sie war auf einem zehntägigen Einsatz durch Südamerika, käme jetzt zurück und wisse gar nicht, wie es in Europa zugeht und ob wir etwas Näheres wüssten.
„Nein, wieso? Was ist den geschehen"?
„In Russland ist ein Atomreaktor explodiert. Die radioaktive Verseuchung hat halb Europa erfasst. In Deutschland darf man keine

Milch mehr trinken. Obst und Gemüse sind belastet. Genaues weiß ich aber auch nicht"!
So erfuhren wir von der Katastrophe Tschernobyl und waren entsetzt. In meiner Reisetasche kramte ich nach einer Taschenflasche gefüllt mit Brandy. Auf den Schreck wollte ich erst mal einen Schluck nehmen.
„Nein, nein" meinte die Stewardess, „das sehen wir nicht so gern, ich bringe ihnen einen Drink aus der Bordküche".
Bei einem doppelten Cognac beredeten meine Freundin und ich die Nachricht und wir beratschlagten unser weiteres Vorgehen.
Sollten wir in Dallas aussteigen und nicht weiter heimwärts fliegen?
Können wir unsere Familien im Stich lassen?
Was wird mit unserer Existenz?
Aber vielleicht ist es gar nicht so schlimm?
Fragen über Fragen bis zur Zwischenlandung in Dallas.
Dort erstmal Zeitungen besorgt. Das Unglück lag vier Tage zurück. Dann sahen wir die vielen wartenden Passagiere, die alle mit uns nach Frankfurt fliegen wollten. Die schreckten also nicht vor einer Reise ins „verseuchte" Europa

zurück und so sind wir auch wieder an Bord, um „todesmutig" in die Heimat zu fliegen.

Eine Pleite

Bei unseren Reisen zum Pacific in Mexiko können wir nicht ohne Stop und Übernachtung in Mexiko-Stadt durchfliegen. So waren wir also eine Nacht in einem Hotel und fuhren morgens per Taxi zum Flughafen. Dort angekommen fragte uns der Taxifahrer, ob wir einen Gepäckträger wollten.

„Nein danke" antwortete ich, „wir brauchen ja nur hier ….."

Da waren 15 oder 20 Schalter. Leer. Kaum ein Mensch zu sehen. Ja, was war denn das? Der Fahrer klärte uns auf. Diese sehr bedeutende Fluggesellschaft ist vor einigen Wochen in Konkurs gegeangen.

Tja, da standen wir nun mit bezahlten Tikets, die nichts nüzten, weil es diese Fluggesellschaft nicht mehr gab. Also auf zu einer anderen. Dort am Schalter wehrte man uns unwirsch ab. Die Angestellte war der Meinung, wir wollten mit unseren Tikets auf ihrer Fluglinie weiter fliegen. Auch würden sie nicht zu unserem Ziel fliegen.

Von unseren früheren Reisen kannten wir eine andere Linie. Die aber startete vom Terminal 2. Wir befanden uns im Terminal 1. Zwischen den beiden Terminals verkehrt eine automatische, führerlose Bahn. Nur wo war der Einstieg? Also zunächst einen Gepäckträger engagiert. Ein ganz reizender, älterer Mann. Wir erzählten unser Missgeschick. Er lud unser Gepäck auf seinen Karren und brachte uns auf einem langen Weg – der Airport Mexikos ist endlos – zur Abfahrtsstation der Verbindungsbahn. Dort angekommen suchten wir die Schalter der nun in Frage kommenden Airline. Nach Fragen von einigem Personal, welche uns zum Teil verkehrt schickten oder garnichts wussten, gelangten wir endlich zum richtigen Schalter.

Dort wieder die gleiche abwehrende Haltung in der Meinung, wir wollten unsere Tikets benutzen. Nachdem wir dann erklärten, wir wollen neue Tikets, hauptsache wir kämen zu unserem Ziel, wurden wir sehr freundlich behandelt. Denn ohne Vorausbuchung ist der volle Listenpreis fällig.

Wir bekamen unsere Flugscheine und flogen sogar fast zur gleichen Zeit wie ursprünglich geplant und erreichten unser Ziel, wo man uns erwartete zu selben Zeit

Die zusätzliche Ausgabe wurde dann im Nachhinein von der Reiseausfallversicherung erstattet.

Messer und Gabel

Mit zwei bis drei Flügen pro Jahr bin ich nun wirklich kein Vielflieger. Dennoch habe ich im Laufe der Jahre ein beträchtliches Meilenkonto angesammelt. Das brachte mir einige Vorzüge und Vergünstigungen. So konnte ich unter anderem auch mal in der besseren Klasse fliegen. Von der Geräumigkeit der Kabine und den breiten Sesseln – nicht Sitzen, wie in der billigen Economy-Class - war ich beeindruckt. Da in dieser Klasse nur 24 Passagiere in der Kabine platz haben, ging es auch sehr viel dezenter und ruhiger dort zu. Kein Gesangverein oder Fußballclub, deren Mitglieder über die Sitze hinweg brüllten oder durch die Gänge tobten.

Es war ein Langstreckenflug, welcher spät abends um 23 Uhr startete. Ich hatte wieder mal bereits zu Abend gegessen, war satt und wollte nur noch etwas trinken, um den Nachtflug dann schlafend zu verbringen. Etwa eine dreiviertel Stunde nach dem Start, ich hatte inzwischen schon ein Glas Wein genossen, wurde ich gefragt, was ich denn zum Essen wünschte. Dankend verneinte ich.

Aber es gäbe unter anderem ein zartes Rindsfilet mit verschiedenen Gemüse und Sauce Bernaise.

„Nein danke, ich habe schon gegessen und möchte wirklich nichts".

„Aber wenigstens eine kleine Käseauswahl", wurde mir angeboten.

„Na gut, etwas Käse zum Wein nehme ich dann".

Eine dekorativ angerichtete Platte aus feinem Porzellan mit verschiedenen Käsesorten, dazu Brot und Butter, brachte man mir etwas später. Dazu metallene Löffel und Gabel, das Messer jedoch wie in der billigen Klasse aus Plastik. Ich muss ein ganz dummes, fragendes Gesicht gemacht haben, denn man erklärte mir:

„Seit dem 11. September sind die Sicherheitsbestimmungen verschärft worden und daher gibt es keine Messer aus Metall mehr".

Innerlich musste ich schmunzeln. Mit der spitzen Gabel könnte man doch auch einen gefährlichen Überfall tätigen. Mehr noch, als mit einem an der Spitze abgerundetem Speisemesser.

Mit diesem kleinen Erlebnis, in dem es, wie bei der ersten Geschichte, um das Essen an Bord eines Flugzeugs ging, schließe ich und wünsche ihnen, verehrte Leserschaft, allzeit guten Flug.